설민석의 역사 고민 상담소

설민석의 역사 고민 상담소 ❷
고조선과 삼국 시대

글 설민석, 서지원 | **그림** 정주연 | **감수** 단꿈 연구소
찍은날 2021년 2월 26일 초판 1쇄 | **펴낸날** 2021년 3월 11일 초판 1쇄
펴낸이 김영진, 신광수 | **CS본부장** 강윤구 | **출판개발실장** 위귀영 | **출판영업실장** 백주현
디자인실장 손현지 | **개발기획실장** 김효정
아동콘텐츠개발팀 박재영, 양지정, 서정희 | **출판디자인팀** 최진아, 김리안 | **사진 진행** 북앤포토
채널영업팀 이용복, 이강원, 김선영, 우광일, 강신구, 이유리, 정재욱, 박세화, 전지현
출판영업팀 박충열, 황영아, 민현기, 김세라, 정재성, 정슬기, 허성배, 정유, 설유상
개발기획팀 이병욱, 황선득, 홍주희, 이기준, 강주영
CS지원팀 강승훈, 봉대중, 이주연, 이형배, 이은비, 전효정, 이우성
펴낸곳 (주)미래엔 | **등록** 1950년 11월 1일 제16-67호
주소 서울특별시 서초구 신반포로 321 | **전화** 미래엔 고객센터 1800-8890 팩스 541-8249
홈페이지 주소 www.mirae-n.com

ISBN 979-11-6413-748-0 74910
ISBN 979-11-6413-690-2 (세트)

ⓒ Dankkumi Corp.

본 제품은 (주)단꿈아이와의 상품화 계약에 의해 (주)미래엔에서 제작·판매하는 것으로 무단 복제 및 전재를 금합니다.
「설민석의 한국사 대모험」 원작사 (주)단꿈아이
「설민석의 한국사 대모험」 그림 작가 정현희

파본은 구입처에서 교환해 드리며, 관련 법령에 따라 환불해 드립니다. 다만, 제품 훼손 시 환불이 불가능합니다.
책값은 뒤표지에 있습니다.

설민석의 역사 고민 상담소 ②

글 설민석, 서지원 | 그림 정주연
감수 단꿈 연구소

Mirae N 아이세움

 **들어가는 말**

 안녕하세요? 여러분의 역사 선생님, 설민석이에요.

 한국사에 대한 여러분의 크나큰 사랑 덕분에, 선생님은 지난 20년간 책, 방송, 강연 그리고 유튜브를 통해 우리 대한민국의 역사를 널리 알리는 데 힘써 왔어요.

 그런데 늘 마음 한편이 허전했답니다. '역사적 지식과 교훈을 전달하는 데 그치지 않고, 어린이들에게 실질적으로 도움이 되는 책을 만들 수는 없을까?' 하는 고민 때문에요.

 그래서 이번에 새롭고 재미난 한국사 이야기로 여러분을 찾아왔어요. 〈설민석의 역사 고민 상담소〉 시리즈는 역사 속 인물과 사건에 얽힌 이야기로 여러분의 고민을 말끔히 해결해 줄 거예요.

 '역사는 현재를 비추는 거울'이라는 말이 있어요. 역사를 통해 우리 조상들의 지혜를 배우면, 현재 우리가 마주친 문제의 답을 찾을 수 있거든요. 온달, 평강, 로빈 그리고 역사 고민 상담소의 소장님인 설쌤과 함께 여러분의 고민을 시원하게 해결하고, 역사 상식도 쏙쏙 담아 가는 알찬 시간이 되길 바라요.

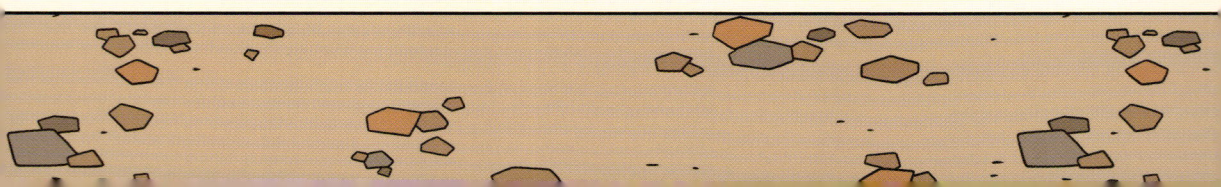

부담 없이 역사 공부를 시작하고 싶은 어린이, 한국사의 흐름을 쭉 한번 짚어 보고 싶은 어린이, 재미있는 이야기로 스트레스를 풀고 싶은 어린이라면, 〈설민석의 역사 고민 상담소〉로 놀러 오세요! 데굴데굴 구르고 깔깔 웃으며 책장을 넘겼을 뿐인데, 우리나라 역사의 흐름과 굵직한 사건들이 자연스레 습득되는 신기한 경험을 하게 될 것입니다.
　자, 이제 역사 고민 상담소의 문을 똑똑 두드려 볼까요?

– 설민석 드림

신라와 백제

세 번째 고민 ……… 86
라이벌 대전, 최후의 승자는?

한 번에 정리해요 ……… 126
읽은 내용 되짚어 보기

그동안 무슨 일이 일어났을까? ……… 130
세계사와 함께 보는 한국사 연표

이 책을 만든 사람들 ……… 132

정답 ……… 134

등장 인물

설쌤

역사 고민 상담소의 소장님이에요. 역사 속 지혜를 빌려 사람들의 고민을 시원하게 해결해 주고 있어요. 요즘은 고민 상담은 물론, 온달이와 평강이가 사고를 칠 때마다 수습하는 해결사로도 활약하고 있답니다.

로빈

역사 고민 상담소에 없어선 안 될 마스코트예요. 어찌나 영리한지 손님 응대는 물론, 홍보까지 완벽히 수행한답니다. 로빈이가 없으면 상담소는 하루도 순탄하게 흘러가지 않을 거예요.

평강

고구려에서 온 공주로, 온달이와 함께 설쌤의 조수로 일하고 있어요. 처음엔 온달이와 자주 티격태격했지만, 언젠가부터 은근히 온달이를 챙겨 주곤 해요.

온달

설쌤의 조수에서 사고뭉치로 전락한 온달이! 장난기 많은 온달이는 하루도 조용할 날이 없어요. 요즘 온달이의 고민은 평강이만 보면 이상하게 마음이 간질거려 신경 쓰인다는 거예요.

"애들아, 혹시 내 지우개 못 봤니? 너희에게 보여 주려고 펭돌이 캐릭터 지우개를 가져왔는데……."

펭돌이는 요즘 최고의 인기를 자랑하는 너튜브 스타예요. 좀처럼 물건을 잃어버리지 않는 현아는 펭돌이의 특별 팬 사인회에 가서 어렵게 받은 지우개를 잃어버렸다며 속상해 했어요.

♪딩동댕동♪

때마침 수업 시작을 알리는 종이 울렸어요. 현아의 지우개에 온 신경을 쏟던 나리는 그제야 정신이 번쩍 들었어요. 수업 준비물인 삼각자를 가져오지 않았다는 사실을 깨달았거든요.

건망증이 또!

"송, 송희야, 혹시…… 너 삼각자 하나 더 있어?"

나리는 앞자리에 앉은 송희의 등을 콕 찌르며 도움을 청했어요. 송희는 친구들을 동생처럼 살뜰히 챙겨 주는 친구거든요. 강송희, 한나리, 오현아 이렇게 셋은 햇빛 초등학교의 절친 삼총사랍니다.

"으이그! 그럴 줄 알았어. 하나 더 챙겨 왔으니까 꺼내 줄게."

송희는 익숙하다는 듯 가방을 열고 삼각자를 찾았어요. 그런데 문득, 송희의 어깨 너머로 뜻밖의 물건이 보였어요.

그건 바로…….

나리는 깜짝 놀라 눈을 비볐어요. 현아의 지우개를 훔친 범인이 송희라니……! 그 순간, 삼각자를 건네려는 송희와 나리의 눈이 딱 마주치고 말았어요. 송희는 당황한 나리의 표정을 보고는 황급히 가방을 닫으며 고개를 돌려 버렸어요.

기나긴 수업 시간이 끝나고 쉬는 시간이 되자, 송희가 나리에게 쪽지를 건넸어요. 쪽지를 본 나리의 마음은 한층 더 무거워졌어요.

'눈 감아 달라니……. 친구의 잘못을 덮어 주는 게 맞을까?'

학교를 마칠 때까지도 나리는 마음을 정하지 못했어요. 결국 나리는 고민을 한 아름 안고 터벅터벅 집으로 향했어요.

그때, 나리 앞에 강아지 한 마리가 나타났어요. 구름처럼 털이 하얀 귀여운 강아지였지요. 강아지는 나리 주변을 빙글빙글 맴돌면서 꼬리를 흔들었어요.

강아지는 마치 자신을 따라오라는 듯 나리의 손을 잡아끌었어요. 나리는 얼떨결에 강아지를 따라갔어요. 둘은 좁은 골목길을 여러 번 지나 큰길가에 있는 '역사 고민 상담소'라는 건물 앞에 다다랐어요.

"여기가 너희 집이구나."

순간, 상담소의 문이 자동으로 열렸어요.

후다닥! 설쌤은 아무 일도 없었다는 듯 벌떡 일어나 찬찬히 나리를 살펴봤어요.

"흠, 자네는 고민이 있군. 그 고민, 사람 문제지?"
"어, 어떻게 아셨어요? 친구 문제예요."
그러자 평강이와 온달이는 "역시 우리 설쌤!" 하고 호들갑을 떨었어요. 그 모습을 본 나리는 의심이 파도처럼 일었어요.
'흠, 호들갑이 심한데? 게다가 아까부터 신비주의다 뭐다 너무 수상해. 이런 사람들이 어떻게 내 고민을 해결하겠어?'
나리는 조용히 자리를 뜨려고 했어요.
그러자······.

"아하하. 생각보다 복잡한 문제였구나. 하지만 걱정 마렴. 문제를 알았으니 제대로 해결해 주마!"

설쌤이 머쓱하게 웃으며 나리를 안심시켰어요. 나리는 의심스럽다는 듯 실눈을 뜨고 물었어요.

"흐음, 이번에는 진짜죠?"

　설쌤이 말끝을 흐리는데 아까부터 상태가 좋지 않았던 스마트폰이 더욱 요란한 소리를 내기 시작했어요.

　'윽, 과연 누가 나타날까?'

　모두 잔뜩 긴장한 채 스마트폰을 바라보았어요.

긴장감이 최고조에 이른 순간, 어디선가 번개가 번쩍! 치더니 상담소 벽 한쪽에 뚫린 커다란 구멍에서 밝은 빛이 새어 나왔어요.

잠시 후, 어둠 속에서 긴 머리를 늘어뜨린 사람이 한 손에 나무로 된 지팡이를 들고 저벅저벅 걸어 나왔어요. 스산한 기운을 뿜어내는 이 사람은 대체 누구일까요?

"설쌤, 아무래도 처방전 앱을 잘못 누르신 거 아니에요? 저 사람 뭔가 좀…… 수상해요."

온달이가 뚱한 얼굴로 속삭이자 의문의 남자가 콧김을 팍팍 뿜으며 외쳤어요.

"뭐라고? 내 이름은 '수상해'가 아니라 '당군'이다!"

상담소에 나타난 단군

역사 고민 상담소를 찾아온 단군이 멋진 포즈를 취하고 있어요.
포즈 순서의 규칙을 찾아 맨 마지막에 올 포즈를 맞혀 보세요.

"이제 이 단군 님이 하늘에 제사를 올려야 하니 제물을 가져오너라."

단군의 말이 떨어지자마자 평강이와 온달이는 주방으로 달려가 맛있는 음식들을 준비해 왔어요.

"이 정도면 내가…… 아니, 하늘 신이 감동하겠구나!"

단군은 넋이 나간 듯, 군침을 꿀꺽 삼켰어요. 그러고는 지팡이를 들고 다 함께 자신을 따라 하늘 신께 바치는 춤을 추라고 했어요.

한바탕 신나게 춤을 추고 나니 어느새 탁자에 있던 음식들은 온데간데없이 다 사라져 버렸어요.

"허허허, 하늘 신께서 제물이 마음에 들었나 보다. 아낌없이 드셨구나."

단군은 입가에 묻은 부스러기를 닦지도 않은 채, 만족스럽다는 듯 이를 쑤시며 말했어요. 그 덕에 온달이는 애꿎은 뼈다귀만 잡고 울상을 지어야 했죠. 잠시 후, 나리와 평강이가 눈을 반짝이며 단군에게 다가왔어요.

"와, 이게 다 실제로 있었던 일이에요?"

나리가 눈을 동그랗게 뜨며 물었어요. 그러자 단군이 의기양양하게 답했어요.

그럼! 나는 하늘 신의 자손이자, 곰의 아들이지. 우리 어머니는 부추와 파를 먹고 사람이 되었다니까 글쎄?

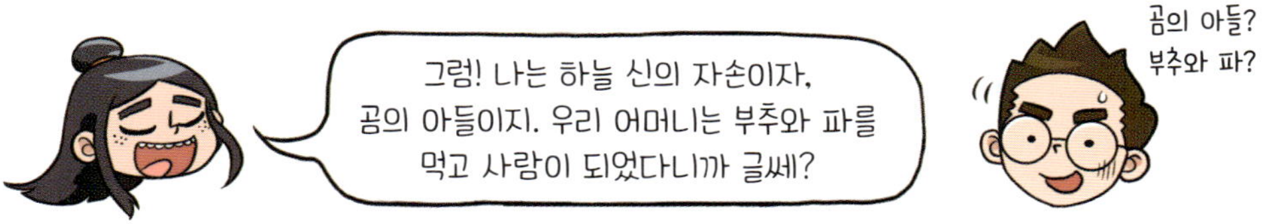

곰의 아들? 부추와 파?

긴 이야기를 마친 단군은 이제 그만 쉬어야겠다며 사무실 소파에 벌러덩 드러누웠어요. 단군이 잠든 걸 확인하자, 아까부터 떨떠름한 표정을 짓던 설쌤은 목소리를 낮춰 아이들을 불렀어요.

얘들아, 아무래도 저 사람은 단군이 아닌 것 같아.

하긴, 왕이라기엔 너무 촐랑대더라!

왜 그렇게 생각하시는데요?

단군 신화에서 곰이 먹은 건 부추와 파가 아니라 쑥과 마늘이야. 진짜 단군이라면 신화의 내용을 모를 리 없지.

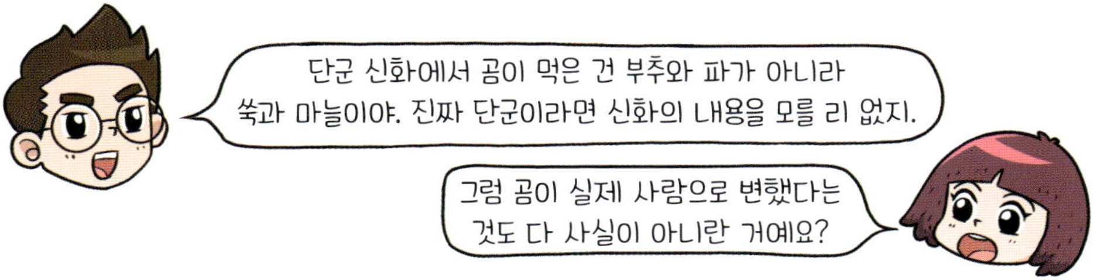

그럼 곰이 실제 사람으로 변했다는 것도 다 사실이 아니란 거예요?

설쌤은 나리의 말에 고개를 끄덕이며 단군 신화 속에 숨겨진 재미난 역사적 사실들을 알려 주었어요.

하늘에서 내려온 환웅 지배자의 신성함 강조	비, 바람, 구름을 다스리는 신하 농사의 중요성 상징
호랑이와 곰의 등장 호랑이와 곰을 숭배하는 부족의 등장	환웅과 웅녀의 결혼 환웅 세력과 곰을 숭배하는 부족의 결합

신화에는 상징적 표현이 많단다.

참 쉽죠?

찾아봐요

탁자식 고인돌
탁자 모양으로 만든 고인돌로 지배자의 무덤이에요.

팔주령
제사장이 하늘에 제사를 지낼 때 사용했던 청동 방울이에요.

미송리식 토기
평안북도 의주 미송리에서 발견된 민무늬 토기의 일종이에요.

명도전
'명(明)' 자와 비슷한 글씨가 새겨진 칼 모양의 화폐로 고조선이 다른 나라와 교류했음을 나타내는 증거예요.

철제 농기구
철은 청동보다 구하기 쉽고, 단단해 농기구로 만들었어요.

얼마 후, 잠에서 깬 단군은 혼자서 상담소 안을 둘러보더니 책장 앞에 멈춰 섰어요. 그러더니 꼼지락꼼지락 머뭇거리던 손으로 뭔가를 낚아채 허리춤에 감췄어요. 그런데 이게 무슨 운명의 장난인지 나리가 하필 그 장면을 목격하고 만 거예요!

단군은 깜짝 놀란 나리를 향해 손가락을 입에 대며 사인을 보냈어요. 순간 나리는 송희가 떠올랐어요. 송희도 단군처럼 잘못을 비밀로 해 달라고 부탁했잖아요. 나리는 다시 고민이 먹구름처럼 몰려왔어요.

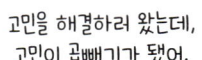

"크흠! 난 이제 슬슬 집으로 돌아가야겠구나."

단군은 일이 커지기 전에 자리를 뜨려 했어요. 그런데 그때, 단군의 허리춤에서 반짝이는 무언가가 또르르 굴러떨어지는 게 아니겠어요?

 이건 샘쌤이 마라톤 대회에 나가서 받은 메달이잖아? 그런데 이게 왜 단군 님의 다리 사이에서 떨어진 걸까?

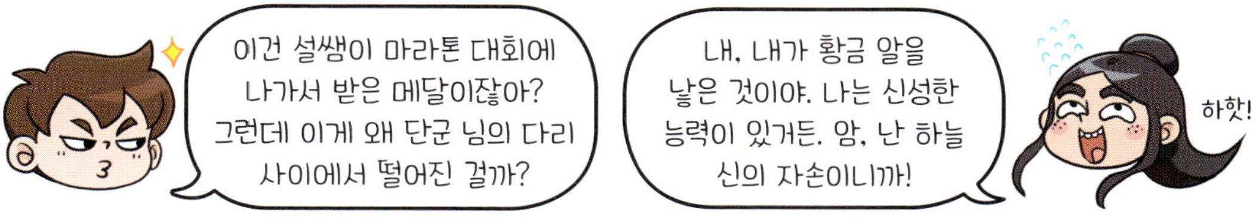

 내, 내가 황금 알을 낳은 것이야. 나는 신성한 능력이 있거든. 암, 난 하늘 신의 자손이니까!

당황한 단군이 헛소리를 주절주절 늘어놓는데 어디선가 뜨거운 시선이 느껴졌어요. 그 시선의 주인공은 바로……!

설쌤이었어요!

"크흠! 단군 님, 8조법에 대해 아시지요? 도둑질을 한 자는 노비로 삼는답니다. 하루아침에 노비로 전락해 버린다니 이 얼마나 무서운 법입니까?"

화르륵! 설쌤의 눈이 불타올랐어요. 설쌤의 말에 겁을 잔뜩 먹은 단군은 식은땀을 흘리며 다리를 후들후들 떨었어요.

당군은 눈물을 쏟으며 자초지종을 이야기했어요.

"일부러 그런 건 아닌 것 같은데 한 번만 봐주면 안 될까요?"

어깨를 들썩이며 우는 당군을 보고 측은한 마음이 든 나리가 조심스럽게 물었어요. 그러자 설쌤이 지금껏 본 적 없는 단호한 표정을 지었어요.

"고조선은 사회 질서를 지키려고 8조법이라는 엄격한 법을 만들었단다. 고조선에서 온 당군 역시 그 법을 따라야 하지."

설쌤은 8조법 중에서 현재까지 전해지는 3조에 대해 알려 주었어요.

"8조법대로라면 당군 씨를 노비로 삼아야 합니다! 법과 원칙은 반드시 지켜야 하니까요."

설쌤의 갈에 당군은 잘못을 인정하고, 상담소에서 노비로 일하며 죗값을 치르겠다고 했어요. 당군의 눈에는 참회의 눈물이 주륵주륵 흘렀지요.

'당군이 법의 엄중함을 깨닫고, 충분히 반성한 듯하군.'

당군이 진심으로 뉘우친 것을 알아본 설쌤은 특별히 당군을 용서해 주기로 했어요. 당군은 앞으로는 어떤 상황이 와도 거짓말하거나 남의 것을 탐하지 않겠다고 약속한 뒤, 역사의 문을 통해 고조선으로 돌아갔어요.

'진실을 밝히는 건 두렵지만, 그렇다고 해서 모른 척하면 안 돼. 잘못을 뉘우치고 바로잡는 용기가 필요해.'

나리는 당군을 보고 얻은 교훈을 생각하며 씩씩하게 학교로 향했어요. 잠시 후, 교실에 들어선 나리는 크게 심호흡한 뒤, 송희에게 미리 준비해 온 쪽지를 건넸어요.

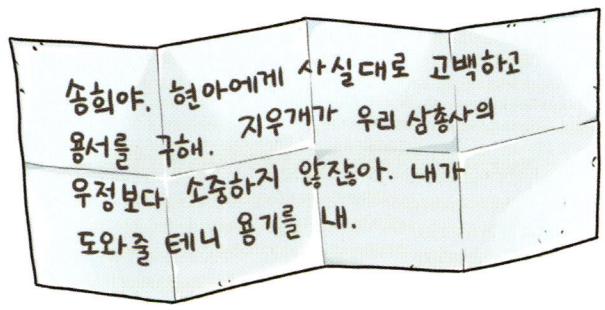

나리의 간절한 마음이 통한 걸까요? 쪽지를 읽은 송희는 반성하는 얼굴로 고개를 끄덕였어요.

그렇게 쉬는 시간이 되자, 운동장 벤치에 삼총사가 모였어요.

"미안해, 현아야. 동생에게 생일 선물로 펭돌이 지우개를 사 주기로 했는데, 구하지 못해서 나도 모르게 손을 대고 말았어."

송희는 떨리는 목소리로 현아에게 진심으로 사과했어요. 그런데 현아가 갑자기 지우개에 쓰인 자기 이름을 박박 문질러서 지우지 뭐예요! 그러고는 강예희라는 이름을 썼어요. 예희는 송희의 동생 이름이에요.

"받아. 이건 내가 예희에게 주는 선물이니까. 마침 나도 예희에게 생일 선물로 지우개를 주려고 했는데…… 통했네?"

송희를 배려한 현아의 농담에 삼총사는 누가 먼저랄 것도 없이 웃음을 터뜨렸어요.

수업이 끝난 후, 송희는 현아를 위해 청소 당번을 대신해 주겠다며 나섰어요. 여기에 나리까지 합세하는 바람에 결국 삼총사가 다 함께 청소를 하게 됐지요.

청소를 하는 내내 나리는 힘들기는커녕 웃음이 새어 나왔어요. 하루 종일 나리의 마음을 짓누르던 돌덩이가 말끔히 사라지는 순간이었거든요.

이리 줘. 내가 도와줄게. 앞으로 일주일은 나한테 맡겨 두라고!

진짜? 나중에 후회하기 없기다?

설쌤의 상담 일지 1

진실을 밝히는 용기로
우정을 지킨 나리

이름	한나리
상담 날짜	9월 30일, 오후 2시
고민 내용	친구의 잘못을 눈 감아 줘야 할까요?
처방전	눈에는 눈, 이에는 이! 8조법으로 법의 엄중함을 깨달아라!
상담 내용	한나리라는 아이가 로빈을 따라 고민 상담소를 찾아왔다. 한눈에 봐도 돌덩이를 삼킨 듯 마음이 무거워 보였다. 나리는 잘못된 행동을 한 친구를 감싸 줘야 할지, 아니면 잘못을 알려야 할지 고민하고 있었다. 오, 이런! 정말 쉽지 않은 고민이다.

고조선을 세운 사람은?

나리의 고민을 해결해 주기 위해 소환된 사람은 바로 고조선을 세운 단군왕검……인 줄 알았던 당군이었다! 단군왕검은 한 사람의 이름이 아니라, 제사장을 뜻하는 '단군'과 지도자를 뜻하는 '왕검'이 합쳐진 말이다. 당군은 단군왕검을 어설프게 흉내 냈지만, 고조

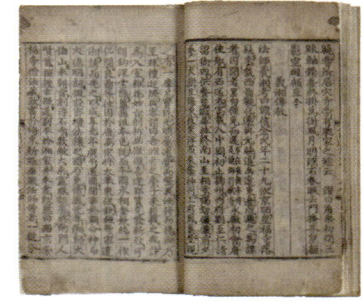

삼국유사 승려 일연이 쓴 역사서로 고조선 건국 신화가 담겨 있다.

선의 건국 신화 이야기를 잘못 읊는 바람에 나한테 딱 걸리고 말았다. 신화 속 곰은 진짜 곰이 아니라 곰 부족을 뜻하고, 곰이 먹은 건 부추와 파가 아니라 쑥과 마늘인데 엉터리로 말해 버린 거다.

한반도의 첫 번째 나라, 고조선

사실 고조선의 원래 이름은 조선이다. 하지만 나중에 조선이라는 나라가 또 세워지면서 둘을 구분하려고 '고(古)조선'이라 부르게 된 것이다. 이 사실을 알려 주자 당군은 이름을 뺏겼다며 억울해 했다. 어찌나 씩씩거리는지 이때는 나도 당군의 정체를 의심하지 못했다. 고조선 문화에 자긍심이 넘치는 당군은 비파형 동검과 탁자식 고인돌 등 고조선의 멋진 유물들을 소개하기도 했다. 고조선의 대표적인 유물들이 발견된 지역을 살펴보면, 고조선의 영역을 짐작할 수 있다.

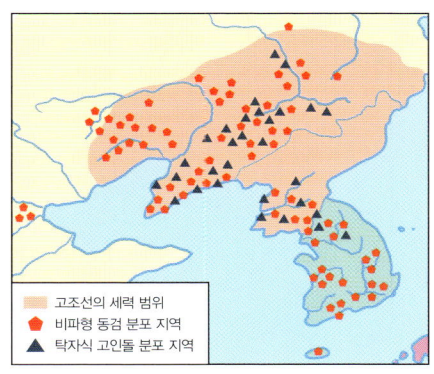

고조선의 세력 범위

비파형 동검

탁자식 고인돌

더 강력해진 고조선, 위만 조선!

기원전 194년 위만은 준왕을 몰아내고 왕이 되었다. 위만은 강력한 철제 무기를 기반으로 주변 국가들을 정복하며 영토를 크게 넓혔다. 철기 문화가 발전한 이후로 고조선은 농업 생산량이 급격히 증가하고, 경제력 또한 증가하였다. 이 뿐만이랴! 위만의 손자인 우거왕 때에 이르러서는, 한나라와 진나라 사이에서 중계 무역을 하며 막대한 이익을 얻기도 했다. 이렇게 탄탄대로를 걷던 고조선은 어쩌다 멸망하게 되었을까?

나는 위만! 내가 통치한 시기를 위만 조선이라고 하지.

철기 만드는 방법

① 약 1500도의 온도에서 철을 녹여요.

② 녹인 쇳물을 두드려 단단하게 만들어요.

③ 철제 무기 완성!

② 녹인 쇳물을 거푸집에 넣어 원하는 모양을 만들어요.

③ 철제 농기구 완성!

고조선은 쓰러지지 않아!

　고조선이 멸망한 이유는 바로 한나라 때문이다. 고조선을 호시탐탐 노리던 한나라는 고조선을 침략했고, 고조선은 맹렬히 맞섰지만 결국 기원전 108년에 멸망하고 말았다. 그러나 그대로 사라질 우리 민족이 아니지! 고조선이 멸망한 뒤, 철제 무기로 무장한 부족들이 세력을 확장했고 이후 부여와 고구려, 옥저, 동예 등 여러 나라가 등장하게 된 것이다.

　그나저나 고조선으로 돌아간 당군은 어떻게 되었을까? 궁금한 마음에 앱을 켜서 슬쩍 보니, 당군은 진땀 흘리며 농사를 짓고 있었다. 휴, 내심 걱정했는데 이제야 마음이 놓이는군. 게다가 나리 역시 용기를 낸 덕에 삼총사의 우정을 회복했다고 한다. 역시 진심은 통하는 법. 이번 고민, 제대로 해결이다!

고조선의 철기 문화 고조선 시기에는 철제 농기구와 철제 무기가 점차 일반화되었다.

평화로운 오후, 출출해진 온달이와 평강이는 상담소 앞 분식집에서 떡볶이를 먹고 있었어요.

"우아, 저 절도 있는 모습 좀 봐!"

평강이는 텔레비전에 나오는 국군의 날 행사에 푹 빠져 떡볶이는 안중에도 없었어요.

예나 지금이나 나라 지키는 분들은 보기만 해도 든든하네. 정말 멋지다!

나 좀 봐 줘!

그, 그래? 난 어때? 나도 이 든든한 팔로 평강이 너 하나만큼은 지킬 수 있는데!

하지만 평강이는 옆에서 온달이가 온갖 요란을 떠는 데도 아무 반응이 없었어요. 그러자 심통이 난 온달이는 매운 떡볶이를 마구 들이키기 시작했어요.

입에 불이 난 온달이는 화장실로 달려가 몇 번이나 입을 헹궜어요.
"휴, 이제야 살 것 같네. 그나저나 날 투명 인간 취급하다니 평강이 정말 너무하잖아? 나도 평강이에게 인정받는 멋진 남자가 되고 싶은데……. 방법이 없을까?"

"윽, 다 틀렸어! 고민 상담소에 있으면 뭐 해! 내 고민 하나 해결 못 하는데."

야심차게 세운 계획들이 모조리 실패하자 온달이는 손으로 머리를 콩! 대렸어요. 그런데 순간 온달이의 머릿속에 번뜩이는 아이디어가 떠올랐어요.

난 역시 천재야!

잠깐! 내가 직접 역사 고민 처방전 앱을 작동시키면 되잖아! 왜 그 생각을 못 했지?

작전을 실행하기로 마음먹은 온달이는 상담소 문을 살며시 열었어요. 설쌤은 밤늦게까지 역사를 연구하느라 피곤했는지 온달이가 가까이 오는 줄도 모르고 낮잠에 빠져 있었어요.

무사히 설쌤의 스마트폰을 손에 넣은 온달이는 소파 뒤에 숨어 역사 고민 처방전 앱을 실행시켰어요.

"역사 속에 분명 내가 본받을 만한 멋진 사람이 있을 거야. 누가 오기 전에 얼른 고민을 해결해야지."

온달이는 거침없이 손가락으로 화면을 클릭하더니 용맹한 고구려의 장군들을 화면에 띄웠어요.

연개소문
천리장성 축조의 총 지휘를 맡은 장군

을지문덕
살수대첩에서 수나라 군대를 격파한 장수

고구려 19대 왕

양만춘
안시성을 쳐들어온 당나라군을 막아 낸 안시성의 성주

그때, 온달이의 눈길을 사로잡는 화면 속 인물이 나타났어요.

"어? 고구려의 19대 왕? 이 사람만 설명이 없네? 흐음, 그래도 왕이면 제일 좋은 거 아닌가?"

온달이는 잠시 고민하더니 의문의 왕을 클릭했어요. 그러자 스마트폰 화면이 요동치며 처방전이 나타났죠.

늠름함! 당당함! 자신감! 고구려인의 용맹함을 배워라!

이히히힝~

모두가 당황해 넋이 나간 순간, 평강이가 상담소 문을 박차고 들어왔어요.

야! 넌 가면 간다고 말을 해야…….

상담소 안에 말 탄 병사들이 우르르! 상상도 못 한 전개에 평강이는 입이 떡 벌어졌어요.

"설, 설쌤, 이 사람들 대체 누구예요?"

평강이의 물음에 정신을 차리고 무사들을 살펴본 설쌤은 이들이 누구인지 단번에 알아봤지요.

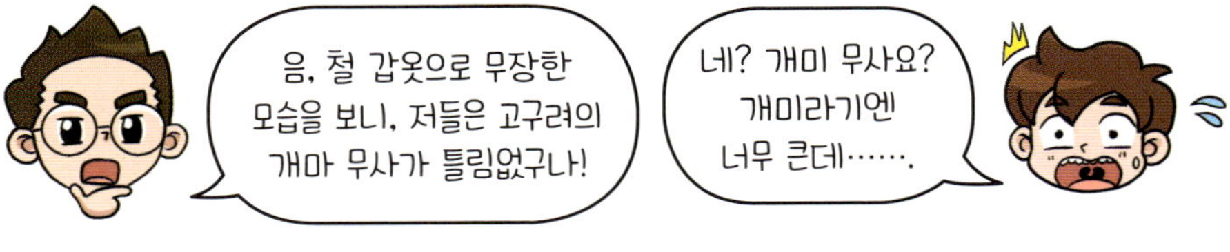

음, 철 갑옷으로 무장한 모습을 보니, 저들은 고구려의 개마 무사가 틀림없구나!

네? 개미 무사요? 개미라기엔 너무 큰데…….

"개미가 아니라 개마! 개마는 갑옷을 입힌 말을 뜻한단다. 즉, 개마 무사는 개마와 함께 철로 무장한 철갑 기병을 뜻하지. 고구려에는 좋은 철이 많이 나서 말에도 갑옷을 입힐 수 있었어."

설쌤은 자신을 역사 고민 상담소의 소장이라 소개하며, 우두머리로 보이는 개마 무사에게 다가가 이름을 물었어요. 그러자 그 무사는 이렇게 외쳤어요.

광개토 대왕은 사뿐히 말에서 내려, 투구를 벗었어요. 그러자 두꺼운 갑옷 속에 숨겨졌던 꽃다운 청년의 모습이 드러났어요. 예상과는 다른 광개토 대왕의 모습에 상담소 식구들은 모두 깜짝 놀랐어요.

광개토 대왕이 왕의 자리에 올랐을 때가 열여덟 살 무렵이니, 그 무렵 광개토 대왕을 소환했나 보군?

"그래. 나를 부른 이유가 무엇이냐?"

우렁찬 광개토 대왕의 목소리가 상담소에 울려 퍼졌어요. 온달이는 잠시 뜸을 들이다 솔직하게 고민을 털어놓았지요.

"실은 요즘 좀 신경 쓰이는 애가 있는데……. 아, 아니! 그게 아니라 멋진 남자가 되고 싶은데 그 방법을 모르겠어서요."

온달이는 평강이를 힐긋 보더니 쑥스러운지 얼굴을 붉혔어요.

괜스레 말을 더듬는 온달이를 보며 광개토 대왕은 모든 상황을 알아차린듯, 살며시 입꼬리를 올렸어요.

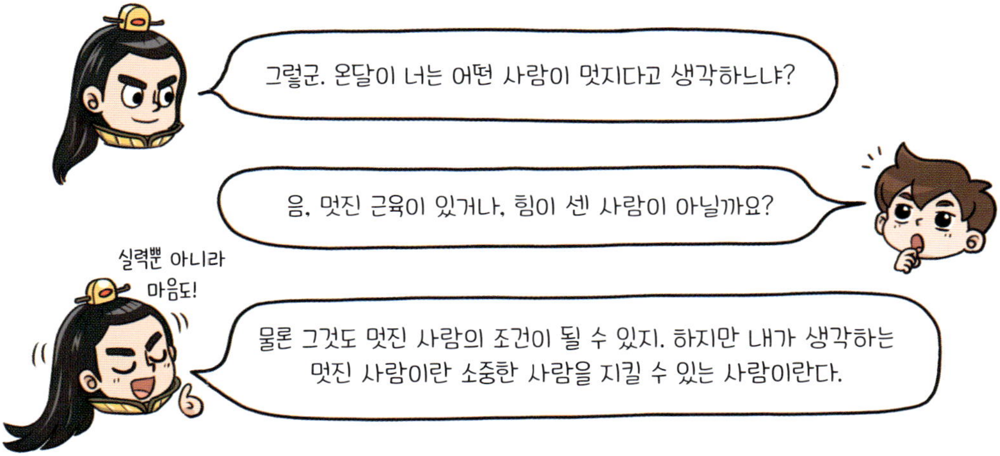

그렇군. 온달이 너는 어떤 사람이 멋지다고 생각하느냐?

음, 멋진 근육이 있거나, 힘이 센 사람이 아닐까요?

실력뿐 아니라 마음도!

물론 그것도 멋진 사람의 조건이 될 수 있지. 하지만 내가 생각하는 멋진 사람이란 소중한 사람을 지킬 수 있는 사람이란다.

칫, 다들 광개토 대왕님께 푹 빠졌네, 빠졌어!

어쩜 생각도 멋지시네!

"온달아, 네 고민을 해결해 줄 터이니 나와 함께 고구려로 떠나지 않겠느냐? 내 직접 만주 벌판을 호령하는 고구려인의 진정한 기상을 보여 주마!"

광개토 대왕은 자신만만한 얼굴로 말을 이었어요.

호랑이 살려!

"우리 고구려는 시조인 동명 성왕부터 대대로 활을 잘 쏘는 명사수가 많기로 유명했다. 온달이 너도 고구려에서 훈련받으면 소중한 사람을 지킬 수 있는 멋진 장군으로 거듭날 게다."

광개토 대왕의 말을 들으니, 온달이는 당장이라도 고구려로 떠나고 싶어졌어요.

'내가 멋진 장군이 되어 돌아오면 모두 날 다시 보겠지? 하지만 훈련하는 동안 평강이를 못 만날 텐데…….'

온달이는 진지하게 고민하더니, 이내 표정을 바꿔 너스레를 떨었어요.

"말씀은 감사하지만 거절할게요. 제가 없으면 상담소가 안 돌아가거든요."

"흠, 여기서 고구려를 체험할 수 있는 방법이 하나 있긴 한데…….."

"무슨 방법인데요?"

"직접 고구려를 가는 대신 가상 현실로 고구려를 체험해 보는 거지!"

설쌤은 광개토 대왕에게 가상 현실 체험 방법을 알려 줬어요.

"후, 죽을 뻔했네. 대체 이런 훈련은 왜 하는 거예요?"

온달이는 뾰로통하게 물었어요. 그러자 광개토 대왕이 미소 지었어요.

"이 훈련은 무엇에도 겁먹지 않는 고구려인의 굳센 담력을 얻기 위함이었다. 나도 태자 시절, 백성들을 괴롭히는 호랑이를 잡으며 담력을 길렀지!"

이건 도저히 안 되겠다.
탁
야! 어딜 도망가려고!
콱
알았어. 쓸게, 쓸게!!
버둥 버둥
이히히힝~
두두두두
고구려
두두두두…
온달아! 나와 함께 철갑 기병이 되어 적을 무찌르자!
제, 제가요?
덜덜덜

"이 정도면 나도 군인 아저씨 못지 않게 멋있어진 것 같은데?"

특수 훈련을 성공적으로 마친 온달이는 늠름함, 당당함, 자신감이 온몸에서 마구 넘치는 기분이 들었어요. 옆에서 온달이를 흐뭇하게 바라보던 광개토 대왕은 표정을 바꿔 비장하게 말했어요.

"잘했다. 온달아. 이제 마지막 훈련인 대결만 남았구나."
"끝난 게 아니었어요? 대결 상대가 누군데요?"
광개토 대왕은 씩 웃으며 엄지로 자신을 가리켰어요.

"아니, 이 대결은 현실에서 치를 것이다. 목숨을 걸고! 자, 무기를 가져오너라!"

광개토 대왕의 우렁찬 목소리가 또 한 번 울려 퍼졌어요. 목숨을 걸라는 말에 온달이는 얼굴이 새파랗게 질려 버렸죠. 설쌤은 다급히 주위를 둘러보더니 손에 뭔가를 바리바리 들고 왔어요.

"요즘 시대에 걸맞은 무기를 준비했습니다!"

"딱이네요! 요즘 누가 칼로 대결을 해요. 하하하."

설쌤의 의도를 눈치챈 평강이도 설쌤의 말을 거들었어요.

이게 무슨 일이죠? 무심코 날린 효자손 덕분에 승부의 결과가 뒤집혔어요. 잠시 후, 정신을 차린 광개토 대왕은 운도 실력이라며 온달이의 승리를 시원하게 인정해 줬어요.

그때, 상담소의 벽 너머에서 광개토 대왕을 부르는 목소리가 들렸어요.

광개토 대왕님! 신라의 사신이 조공을 바치러 왔습니다.

파이팅!

온달아, 오늘의 가르침을 잊지 말고 다음에 만났을 땐 더 멋진 남자로 거듭나 있거라!

광개토 대왕은 온달이에게 오늘의 훈련을 잊지 말라고 당부하며 고구려로 떠났어요.

 며칠 뒤

온달이는 광개토 대왕의 가르침대로 열심히 무예를 닦고 있었어요.

> 설쌤의 상담 일지 ❷

한 뼘 더 용감하고 늠름해진 사고뭉치 온달이

이름	온달
상담 날짜	10월 1일, 오후 1시
고민 내용	늠름하고 용기 있는 사람이 되고 싶어요!
처방전	고구려인의 기개와 용감무쌍함을 배워라!
상담 내용	온달이가 사고를 치고 말았다. 늠름하고 용기 있는 사람이 되고 싶다며 역사 고민 처방전 앱을 몰래 누른 것이다. 녀석, 평강이를 의식한 게 틀림없다. 그런데 온달이의 고민을 해결해 주기 위해 소환된 사람은 무려······ 광개토 대왕이었다!

백발백중! 우리는 주몽의 후예다!

광개토 대왕을 직접 만나다니 이게 꿈이야 생시야! 고구려를 동북 아시아에서 가장 강한 나라로 만드신 분 아니신가. 고구려는 주몽, 즉 동명 성왕이 졸본에 세운 나라다. 주몽이란 이름은 '활을 잘 쏘는 사람'이란 뜻으로, 고구려 사람들은 주몽의 후예답게 활쏘기와 말타기를 잘하고 무예가 출중했다.

이 정도는 눈 감고도 쏘지!

위기를 기회로 바꾼 소수림왕!

시간이 흘러 고구려는 제16대 왕인 고국원왕이 전쟁에서 목숨을 잃는 위기를 맞게 되었다. 이후 왕위에 오른 소수림왕은 성급하게 아버지의 복수를 계획하는 대신, 백성들의 마음을 하나로 모으기 위해 불교를 받아들이고, 교육 기관인 태학을 설립하고, 나라를 잘 다스리기 위한 율령(법률)을 반포하는 등 다양한 노력을 기울였다. 결국 소수림왕의 노력으로 고구려는 위기를 극복하고, 더 강한 나라로 성장할 수 있었다.

왕 중의 왕, 광개토 대왕

소수림왕과 고국양왕의 뒤를 이어 광개토 대왕이 고구려 제19대 왕이 되었다. 광개토 대왕은 백제를 공격해 한강 이북의 땅을 차지하고, 활발한 정복 전쟁으로 만주와 요동 지방까지 정복했다. 내가 이런 분을 직접 만나다니! "돌격하라!"라고 외치는 광개토 대왕의 우렁찬 목소리가 지금도 들리는 듯하다.

호우명 그릇 광개토 대왕의 공적을 기리는 내용이 적힌 청동 그릇으로, 호우총에서 발굴되었다.

장군총 광개토 대왕이나 장수왕의 것으로 추측되는 피라미드형 돌무지무덤이다.

천하무적 개마 무사는 무서울 게 없어!

온달이는 광개토 대왕의 미션을 수행하기 위해 개마 무사로 변신했다. 옷이 날개라더니! 장난꾸러기 같던 온달이도 갑옷을 입고 나니, 고구려의 개마 무사처럼 늠름하고 씩씩해 보였다. 광개토 대왕과 온달이는 갑옷과 투구 등으로 중무장한 개마 무사들과 함께 가상 현실 속에서 적들과 치열한 전투를 벌였다. 결과는 온달이의 활약으로 고구려 승리!

온몸에 철갑을 두른 위풍당당한 고구려군에 맞설 수 있는 나라가 몇이나 되랴! 실제로 광개토 대왕은 용맹한 개마 무사들을 이끌고 백제와 왜, 후연까지 모두 물리치며 승승장구했다.

덕흥리 고분 벽화 철기로 무장한 고구려군의 행렬을 그린 고분 벽화이다.

한강 유역을 차지한 왕은 누구?

광개토 대왕릉비는 고구려의 역사와 광개토 대왕의 업적이 새겨져 있는 비석으로, 중국 지린성에 있다. 그렇다면 남진 정책으로 한강 유역을 차지한 왕은 광개토 대왕일까? 아니! 정답은 광개토 대왕의 아들인 장수왕이다. 장수왕은 475년 백제를 공격해 한강 유역까지 차지했다. 삼국 시대에는 한강이 지리적으로나 경제적으로 아주 중요한 곳이라, 누가 한강을 차지하느냐에 따라 국가의 미래가 결정될 정도였다. 이를 기념하기 위해 장수왕은 충주 지역에 중원 고구려비를 세웠다.

광개토 대왕은 가상 훈련을 통해 온달이를 강하게 만든 후, 일대일 대결로 온달이의 매력이 돋보이도록 도와주었다. 온달이는 광개토 대왕 덕분에 많이 배우고 성장했지만…… 평강이의 마음을 사로잡는 건 실패한 것 같았다.

온달아, 갈 길이 멀지만 힘내라!

광개토 대왕릉비 장수왕이 아버지인 광개토 대왕의 업적을 알리기 위해 세운 비석이다.

중원 고구려비 광개토 대왕의 뒤를 이은 장수왕 때, 한강 유역까지 장악한 것을 기념하기 위해 세운 비석이다.

사실 이건 진짜 전쟁이 아니라 황산벌 전투를 재현하는 영화 촬영장이었어요. 그런데 온달이가 한껏 몰입해 촬영장으로 뛰어나온 바람에 촬영이 중단되어 버렸죠. 그 뒤로도 온달의 눈치 없는 행동은 계속되었어요.

온달이 대신 얼굴이 빨개진 설쌤과 평강이는 황급히 온달이를 데리고 촬영장을 빠져나갔어요.

잠시 후, 역사 고민 상담소로 돌아온 온달이는 행사장에서 찍은 셀카를 확인했어요.

하지만 사고뭉치 온달이와 평강이는 서로 사진을 보겠다고 티격태격하다가 설쌤의 스마트폰을 떨어뜨리고 말았어요.

3초 후, 전등이 꺼지면서 상담소가 온통 캄캄해졌어요.

이 걸걸한 목소리의 주인공은 누구일까요?
불이 다시 들어오자, 목소리의 정체가 밝혀졌어요.

온달이와 평강이는 상황을 수습하기 위해 설쌤을 불렀어요.

여기는 역사 고민 상담소입니다. 저희 애들이 실수로 장군님을 소환시켰나 보군요. 정말 죄송합니다.

너희들 나중에 좀 보자!

역사…… 고민 상담소?

뜻밖의 일이 일어났어요. 자신을 엉뚱한 곳으로 불러들였다며 불호령을 내릴 줄 알았던 김유신 장군이 오히려 반색하는 게 아니겠어요?

그렇다면 내 고민도 해결해 줄 수 있는가?

장군님도 고민이 있으세요?

그럼 저희가 제대로 모셨네요!

잘했죠?

못 살아!

"나의 고민은 '계백'이라는 자다. 그 자만 아니었어도 진즉에 삼국 통일을 이뤘을 텐데……!"

설쌤은 예상했다는 듯이 고개를 끄덕이더니 어리둥절해 하는 온달이와 평강이에게 두 장군이 맞붙게 된 사연을 들려주었어요.

내 칼을 받아라!

신라의 김유신 장군과 백제의 계백 장군이 황산벌에서 목숨을 건 치열한 전투를 벌이고 있어요. 두 그림을 비교하여 서로 다른 곳 다섯 군데를 찾아보세요.

"뭐예요! 5만 대 5천이면 식은 죽 먹기잖아요."

평강이가 어이없다는 표정을 지었어요.

"맞아요. 10명 대 1명인 셈이니까요!"

온달이도 말도 안 되는 싸움이라고 했지요. 그러자 김유신 장군이 헛기침을 하며 말했어요.

"흠흠, 백제의 전투 실력을 무시할 순 없다. 그간 4번을 싸웠는데 4번 모두 우리가 패배했지. 그게 다 눈엣가시 같은 계백 장군 때문이야!"

김유신 장군의 이야기를 들은 설쌤은 표정이 딱딱하게 굳었어요. 평소 같으면 자신감 넘치는 목소리로 고민을 해결해 주겠다고 나섰을 텐데 뭔가 이상했지요. 그런데 그때, 어디선가 우렁찬 뱃고동 소리가 들렸어요.

소리의 출처는 바로 김유신 장군의 배였어요. 온달이와 평강이는 곧장 음식을 가져오겠다며 후다닥 달려 나갔답니다.

허허, 민망하구먼. 전투 중이라 주먹밥 하나로 끼니를 때웠더니…….

얘들아, 휴게실에 가서 장군님 드실 것 좀 찾아보겠니?

잠시만 기다리세요!

휴게실로 달려간 온달이와 평강이는 냉장고를 열었지만 냉장고 안은 텅 비어 있었어요.

우르르 쾅쾅! 굉음과 함께 냉장고 문이 활짝 열렸어요. 곧 그 안에서 누군가 위풍당당하게 걸어 나왔죠.

큰일 났다.
또 누가 소환됐어!

여기는 어디인가?
조금 전까지 황산벌에서
신라군과 싸우고
있었는데…….

황산벌이라고?
저 사람이 바로 5만 신라군도
겁을 낸다던 무시무시한
계백 장군인가 봐!

계백 장군?

한바탕 소동에 휴게실로 뛰어온 설쌤은 계백 장군을 보고는 눈이 휘둥그레졌어요. 하지만 애써 놀란 마음을 진정한 채, 계백 장군에게 차근차근 상황을 설명했지요. 그러자 계백 장군은 자신의 고민도 해결해 달라며 설쌤을 조르기 시작했어요.

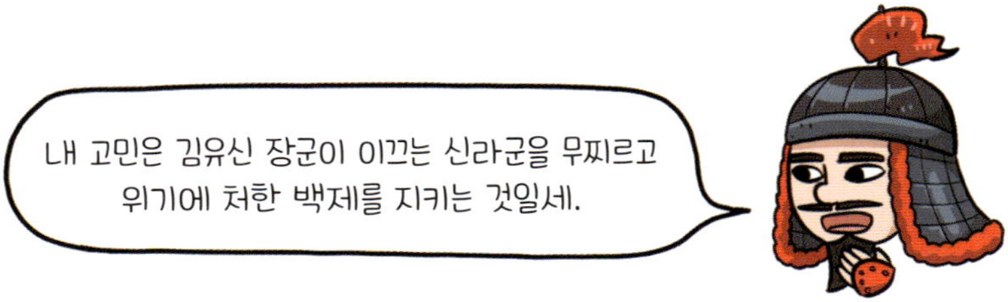

내 고민은 김유신 장군이 이끄는 신라군을 무찌르고 위기에 처한 백제를 지키는 것일세.

설쌤은 난처한 표정을 짓더니 온달이와 평강이를 따로 불러 속삭였어요.

"김유신 장군에 이어 계백 장군까지! 이 고민은 라이벌 관계로 얽혀 있는 두 사람의 고민이라, 두 사람 모두가 소환된 것 같구나."

설쌤은 온달과 평강이에게 당장 할 일을 일러 주었어요.

"평강이는 김유신 장군, 온달이는 계백 장군을 맡아서 각자 다른 곳에 있게 하렴. 나는 그동안 두 분을 조용히 돌려보낼 방법을 찾을 테니까."

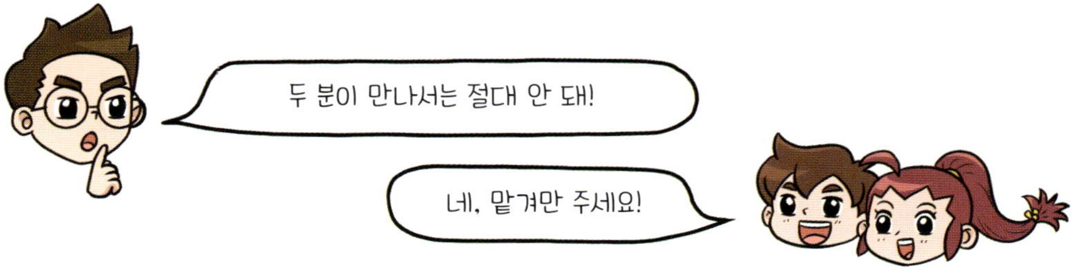

두 분이 만나서는 절대 안 돼!

네, 맡겨만 주세요!

작전대로 설쌤과 평강이가 자리를 뜨자 휴게실에는 온달이와 계백 장군만 남았어요. 휴게실을 둘러보던 계백 장군은 냉장고 앞에 붙어 있는 고민 상담소 식구들의 그림을 물끄러미 들여다봤지요. 그런데 그림을 보던 계백 장군의 눈에 눈물이 그렁그렁 맺히기 시작했어요. 온달이는 깜짝 놀라 물었어요.

한편 평강이는 상담소로 돌아가 김유신 장군과 도란도란 담소를 나누고 있었어요. 평강이를 바라보는 김유신 장군의 얼굴엔 인자한 미소가 번졌지요.

"너와 대화를 나누다 보니 돌아가신 선덕 여왕님이 떠오르는구나. 여왕님도 너처럼 야무지고 자신감 넘치는 분이셨는데……."

두 장군은 반드시 황산벌 전투에서 승리하겠다며 각오를 다졌어요.

깨똑! 깨똑! 설쌤이 두 장군을 돌려보낼 궁리를 짜내는 사이, 스마트폰이 연신 울렸어요.

설쌤의 지시대로 온달이와 평강이는 헐레벌떡 옷장에서 옷을 꺼내 와 계백 장군과 김유신 장군에게 내밀었어요.

"뭐, 현대에 왔으면 응당 현대의 예법을 따라야지."

"꽤 민망한 복식이구나. 하지만 외출하려면 이곳의 의복을 입는 게 좋다니 할 수 없지……."

장군들을 감쪽같이 변장시킨 평강이와 온달이는 시간 차를 두고 나오기로 했어요. 하지만 김유신 장군이 평강이의 어색한 행동에 의심을 품는 바람에 계획이 꽈배기처럼 꼬이기 시작했지요. 결국 김유신 장군은 실랑이 끝에……!

"배고프다고!"

"왜 자꾸 길을 막느냐! 어허, 수상하구나. 어서 길을 비켜라!"

"안, 안 돼요. 지금은 상황이 좀……."

결국 일어날 일은 일어나는 법! 김유신 장군과 계백 장군은 복도에서 딱 마주치고 말았어요. 1초가 1분 같이 느껴지는 어색한 침묵이 이어지자, 평강이가 기지를 발휘했어요.

별안간 계백 장군이 걸음을 멈추고 뒤를 돌아봤어요.

"그 소문이 사실이라면 혹시 저자가 김유신? 어디 보자. 사마귀가 하나, 둘, 셋, 넷, 다섯······."

계백 장군이 의심 가득한 눈으로 사마귀를 세자, 평강이는 깜짝 놀라 황급히 김유신 장군의 지퍼를 올렸어요.

'휴, 정말 아슬했어. 이제 더는 들킬 일이 없겠지?'

하지만 안타깝게도 평강이의 바람은 김유신 장군의 외침으로 산산조각 났어요.

삼국 통일이란 말에 계백 장군의 눈이 커졌어요.

"방금 삼국 통일이라고 했소?"

계백 장근과 김유신 장군의 시선이 마주쳤어요. 둘 사이에 번쩍 불꽃이 이는 것 같았지요. 계백 장군은 김유신 장군에게 성큼성큼 다가가 모자를 획 잡아당겼어요. 그러자 모자 아래 감춰진 김유신 장군의 얼굴이 훤히 드러났어요. 이에 질세라 김유신 장군도 계백 장군의 선글라스를 확 벗겨 버렸어요.

두 장군의 싸움이 시작되려는 일촉즉발의 순간! 설쌤이 등장했어요.

두 장군은 눈에 쌍심지를 켜고 설쌤 앞으로 다가왔어요.

"그래! 계백을 없애 줄 거요?"

"아니! 어서 저 김유신을 사라지게 해 주시오!"

설쌤은 크게 심호흡하더니 스마트폰을 꺼내 역사 고민 처방전 앱을 눌렀어요.

"걱정 마십시오. 방법을 찾아 왔으니 곧 해결해 드리겠습니다."

두 의뢰인을 위한 특별 맞춤 처방전!

백전백승 전략! 라이벌을 속속들이 파헤쳐라!

쟤를 파헤치라고?

아니, 이게 무슨 소리요?!

설쌤은 처방전에 나온 대로 해야 고민을 해결해 줄 수 있다며, 일단 두 사람이 서로를 얼마나 알고 있는지 확인하겠다고 했어요.

"상대의 단점 세 가지와 장점 세 가지를 쓰세요. 한 개라도 부족하면 안 됩니다!"

"흠, 단점이라면 세 가지가 아니라 백 가지도 쓸 수 있지."

"겨우 백 가지? 난 천 가지는 쓸 수 있어!"

설쌤은 으르렁거리는 두 사람을 겨우 떼어 놓고, 장점 세 가지를 쓴 쪽지를 펼쳐 보았어요. 놀랍게도 두 장군은 서로의 단점만큼이나 장점도 정확하게 알고 있었어요.

계백의 장점

첫째, 나라는 돌보지 않고 사치와 향락에 빠진 의자왕을 끝까지 배신하지 않았소.

둘째, 황산벌 전투에 나올 때 목숨을 버릴 각오로 나왔다고 들었소. 그 기백이 참으로 대단하오.

셋째, 5천 명의 결사대로 열 배나 많은 신라 군대에 맞서 4전 4승을 한 대단한 장군이오.

김유신의 장점

첫째, 화랑 출신으로 어렸을 때부터 학문과 무술 실력이 뛰어났다고 들었소.

둘째, 삼국 가운데 가장 약한 나라였던 신라를 강국으로 세우는 데 큰 힘을 보탠 지혜로운 자요.

셋째, 일찍이 김춘추의 능력을 알아보고, 신라의 왕으로 만들었다고 들었소.

설쌤은 모두가 들을 수 있게 쪽지를 크게 읽어 줬어요. 그러자 두 장군의 표정이 한결 부드러워지더니 어딘가 간질간질한 분위기가 맴돌았어요.

흠흠, 사실 계백 장군 아니고서야 누가 감히 나를 대적할 수 있겠소? 내 계백 장군의 기개와 담대함은 인정하지!

나 역시 김유신 장군의 무술 실력은 인정하는 바오! 게다가 김유신 장군을 이기기 위해 노력하는 동안 내 실력도 날로 늘었으니 덕을 본 것 같기도 하고…….

이제 보니 두 분, 서로를 아주 잘 아는 환상의 라이벌이네요!

솔직히, 김유신 장군은 삼국에서 가장 용맹한 장수요. 나 빼고.

뭐, 계백 장군이 삼국에서 가장 지혜롭긴 하지. 나 빼고!

"저, 그럼 이제 고민은 해결되신 건가요?"

온달이가 두 장군에게 조심스럽게 물었어요. 그러자 김유신 장군이 말했지요.

"'지피지기면 백전백승'! 계백에 대해 확실히 알았으니, 난 이제 황산벌로 돌아가 최선의 전투 전략을 짜겠소."

"고민이 충분히 해결되진 않았지만 속은 시원하구려. 나도 그만 부하들이 기다리는 황산벌로 가리다."

김유신 장군과 계백 장군이 떠날 준비를 마치자 냉장고 문, 아니, 역사의 문이 열렸어요. 두 장군은 모두에게 인사를 건네고, 황산벌로 돌아갔어요.

두 장군이 돌아가자, 평강이와 온달이는 설쌤에게 쪼르르 달려와 물었어요.

그러자 설쌤이 방긋 웃었어요.
"계백 장군은 마지막 순간까지 항복하지 않고, 5천 명의 결사대와 함께 신라의 5만 대군에 용맹하게 맞섰어. 그러나 결국 황산벌 전투는 신라의 승리로 끝났지. 이후 백제는 멸망의 길로 접어들었고, 김유신 장군은 삼국 통일의 주역이 되었단다."

온달이와 평강이는 치킨이라는 소리에 동시에 달려 나갔어요.

"먼저 문 열어 주는 사람이 닭다리 두 개 다 먹기다!"

아직은 투닥거리기만 하는 두 친구지만, 언젠간 김유신과 계백처럼 서로를 성장시키는 멋진 라이벌이 될 수 있겠죠?

설쌤의 상담 일지 3

라이벌 관계를 통해
성장한 두 장군

이름	김유신, 계백	상담 날짜	10월 11일, 오후 4시

고민 내용 적국에 반드시 이겨야 할 경쟁자가 있소!

처방전 상대방의 장단점을 속속들이 파악하라!

상담 내용 오늘은 삼국 시대 세기의 라이벌인 신라의 김유신과 백제의 계백이 소환되었다. 두 장군 모두 같은 고민을 말했지만, 역사적으로 결론이 난 문제이니 누구의 편도 들 수 없었다. 다만 라이벌의 의미를 되새길 수 있게 도울 뿐!

운명의 대결! 황산벌 전투란?

두 사람이 대결 중이었던 '황산벌 전투'에 대해 이야기하려면 먼저 의자왕의 이야기부터 시작해야 한다. 백제의 의자왕은 신라를 공격해 성을 40여 개나 빼앗으며 완전히 궁지에 몰았다. 이에 신라의 김춘추는 당나라로 건너가 힘을 합쳐 고구려와 백제를 공격할 것을 제안했고, 당나라와 연합군을 결성한 것이다.

이에 백제는 5천 결사대로 당과 힘을 합친 신라의 5만 대군에 맞서게 되었다. 어마어마한 전력 차이 때문에 결과가 뻔한 전투라 생각하겠지만, 계백 장군이 목숨을 걸고 싸운 덕에 4전 4승을 거두는 대반전이 일어났다.

정말이지 계백 장군은 의지의 백제인이다. 그러나 신라의 관창이라는 어린 화랑이 홀로 적진에 뛰어들어 목숨을 바치면서 신라군의 사기가 높아졌고, 결국 백제는 전투에서 지고 계백 장군도 전사하고 말았다.

으랏차차! 삼국의 힘겨루기

삼국 시대의 전성기는 모두 달랐다. 백제는 한강 근처라는 지리적 이점 덕에 삼국 중 가장 빠른 4세기에 전성기를 맞이했고, 고구려는 광개토 대왕과 장수왕의 활약으로 5세기에 전성기를 맞았다. 신라가 가장 늦은 6세기에 전성기를 맞이하며, 삼국 통일의 주역이 된 것이다.

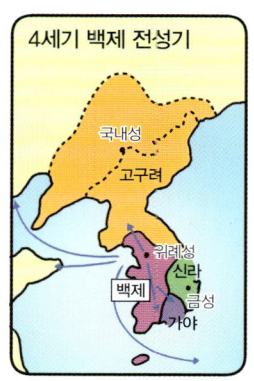
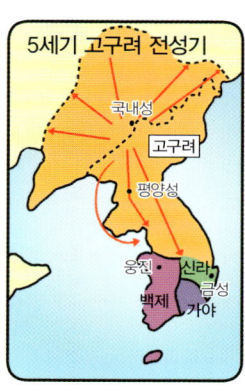

신라의 눈부신 성장

신라는 사실 초기에는 셋 중 세력이 가장 약한 나라였다. 4세기 무렵 왜구의 침략을 막기 위해 고구려에 지원을 요청한 뒤, 고구려의 간섭을 받는 신세가 되기도 했으니 말이다. 하지만 5세기 무렵, 남쪽으로 진출하려는 고구려에 맞서 백제와 손을 잡고 나·제 동맹을 맺은 뒤부터 점차 강한 나라로 자리 잡게 되었다. 이후 나·제 동맹을 통해 한강 상류 땅을 점령한 신라는 동맹을 깨고 백제를 공격해 한강 유역을 독점하게 됐다.

북한산 신라 진흥왕 순수비
진흥왕이 한강 유역을 차지하고 세운 비석.

마침내 삼국 통일을 이룩한 신라!

660년 백제를 멸망시킨 나·당 연합군은 고구려로 진격하여, 668년에는 고구려까지 무너뜨렸다. 하지만 삼국 통일은 바로 이루어지지 않았다. 당나라가 백제와 고구려에 이어 신라까지 차지하려는 속내를 드러냈기 때문이다. 이에 신라는 당나라에 맞서 싸웠고, 수차례 치열한 전투를 치렀다. 결국 당나라군을 몰아내는 데 성공한 신라는 676년, 마침내 삼국 통일을 이루었다. 하지만 안타깝게도 김유신 장군은 삼국 통일 3년 전인 673년에 생을 마감하고 말았다.

삼국 통일을 보지 못하고 죽은 게 한이구나!

한눈에 보는 신라의 외교

 계백과 김유신, 두 라이벌 중 최종 승자는 결국 김유신이었다. 두 사람의 결말을 알고 있어 조금 쓸쓸하긴 했지만, 상대방의 장점을 인정하는 두 사람의 모습을 보며 마음이 조금 따뜻해졌다. 비록 적으로 만났지만, 나라와 백성을 위하는 마음만큼은 두 장군 모두 같은 마음이었으리라!

한 번에 정리해요

여러분, 《설민석의 역사 고민 상담소 2. 고조선과 삼국 시대》를 마지막까지 집중해서 읽었나요?

만약 내가 주인공과 같은 고민이 있다면 어땠을지 상상하며 읽는다면 더욱 생생하게 이야기를 즐길 수 있을 거예요. 흥미진진한 이야기를 통해 재미는 물론, 역사 속 지혜와 교훈까지 얻길 바라요.

이제 다 함께 앞에서 읽은 내용을 정리하며 역사를 되새겨 볼까요? 차근차근 이야기를 떠올리다 보면 정답이 선명하게 떠오를 거예요.

자, 그럼 역사 퀴즈 속으로 출발!

문제 1. 삼국을 대표하는 유물의 이름과 설명을 선으로 이어 보세요.

호우명 그릇	금동 대향로	황룡사 9층 목탑
●	●	●

● ● ●

선덕 여왕 때 만들어진 탑으로 주변 아홉 개 나라의 침입을 막는다는 의미를 담고 있어요.

용이 연꽃을 물고 있는 모습을 표현한 백제의 향로예요.

경주의 호우총에서 발굴된 청동 그릇으로 바닥에 광개토 대왕의 공적을 기리는 내용이 적혀 있어요.

문제 2. 문제를 읽고 아래 상자에서 정답을 찾아 동그라미 해 보세요.

❶ 중원 고구려비를 세운 고구려의 왕은?
❷ 황산벌 전투에서 계백을 상대로 승리한 장군은?
❸ 첨성대와 황룡사 9층 목탑을 세운 신라의 여왕은?
❹ 살수대첩에서 수나라 군대를 격파한 용맹한 장군은?

문제 3. 엄마 아빠가 이웃집과 몹시 사이가 안 좋아요. 그래서 나한테 그 집 아이와 놀지 말래요. 나는 그 아이와 정말 친한데 말이에요. 여러분이라면 어떻게 문제를 해결할지 자유롭게 써 보세요.

선택 1. 부모님의 뜻에 따라 그 집 아이와는 놀지 않을 거예요.

선택 2. 둘이 힘을 합쳐 부모님끼리 사이를 풀 수 있게 도울 거예요.

내가 그렇게 생각한 이유는

입니다.

※ 과연 설쌤의 역사 고민 상담소에서는 이 고민을 어떻게 해결할까요? 3권에서 확인해 보세요!

그동안 무슨 일이 일어났을까?

같은 시대, 우리나라와 세계에서는 무슨 일이 일어났을까요? 우리 역사의 흐름을 세계사와 함께 살펴봅시다.

한국사

기원전 400년경
철기 문화 보급
강력한 철제 농기구와 철제 무기를 바탕으로 생산력과 경제력이 증가했어요.

기원전 108년
고조선의 멸망
기원전 109년부터 한나라와 전쟁을 벌인 고조선이 결국 지배층의 내부 분열로 멸망하였어요.

기원전 57년
신라 건국

기원전 37년
고구려 건국

기원전 18년
백제 건국

기원전 500년 — 기원전 100년 — 기원전 60년

세계사

기원전 550년
페르시아 제국 건국
고대 아시아에서 가장 넓은 영토를 가졌던 페르시아 제국이 건국되었어요.

기원전 202년
한나라 통일
진나라가 멸망한 뒤, 한나라가 다시 중국을 통일했어요.

기원전 27년
로마의 아우구스투스 제정 시작
로마 제국의 첫 황제가 된 옥타비아누스가 '아우구스투스'라는 칭호를 받았어요.

427년
장수왕 평양성 천도

광개토 대왕에 이어 왕위에 오른 장수왕이 고구려의 전성기를 이끌며 평양성으로 천도했어요.

660년
황산벌 전투

백제와 신라가 황산벌에서 벌인 전투예요.

668년
고구려 멸망

나·당 연합군의 공격을 이겨 내지 못 하고 보장왕 27년에 멸망하였어요.

660년
백제 멸망

신라와 당나라 연합군에 패하며 백제가 멸망했어요.

676년
신라 삼국 통일

신라가 매소성 전투, 기벌포 전투를 통해 당을 몰아내고 삼국 통일을 이루었어요.

400년

600년

527년
유스티니아누스 1세 즉위

유스티니아누스 1세는 동로마 제국의 영토를 넓히고 나라의 전성기를 이끌었어요.

610년
이슬람교 창시

무함마드가 알라를 믿는 종교인 이슬람교를 창시했어요.

618년
당나라 건국

수나라가 멸망한 후, 혼란에 빠진 중국 대륙을 수습하며 당나라가 건국되었어요.

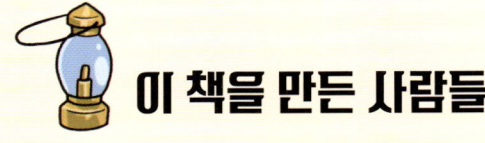
이 책을 만든 사람들

글 설민석

우리나라 사람들이 가장 사랑하는 역사 선생님입니다. 머리에는 지식을, 가슴에는 교훈과 감동을 전하겠다는 일념으로 지난 20년간 한국사 대중화에 앞장섰습니다. 한국사는 지루하고 딱딱하다는 선입견을 깨고, 남녀노소 누구나 즐겁게 다가갈 수 있는 역사 콘텐츠를 만들기 위해 노력하고 있습니다. 그리고 이제, 〈설민석의 역사 고민 상담소〉 시리즈를 통해 새로운 역사 교육 방식을 제안합니다. 〈설민석의 역사 고민 상담소〉는 재미난 한국사 동화를 통해 어린이들의 말 못 할 고민을 해결하는 동시에, 교과 과정에 입각한 필수 역사 지식을 습득할 수 있는 '신개념 에듀 스토리북'입니다.

지은 책으로는 〈설민석의 만만 한국사〉, 〈설민석의 한국사 대모험〉, 〈설민석의 세계사 대모험〉, 〈설민석의 통일 대모험〉, 〈설민석의 삼국지〉 시리즈 들이 있고, 《설민석의 무도 한국사 특강》, 《설민석의 조선왕조실록》 들이 있습니다.

글 **서지원**

한양대학교를 졸업하고 1989년 〈문학과 비평〉에 소설로 등단했습니다. 현재는 동화 작가와 논픽션 작가로 활동하고 있습니다. '책 읽는 서울 올해의 책', '원주 시민이 읽어야 할 올해의 책'에 선정되었고, '문화체육관광부 우수문학도서상', '환경부 우수환경도서상', '여성가족부 장관상' 등을 받았습니다. 지은 책으로는 《빨간 내복의 초능력자》, 《훈민정음 구출 작전》, 《4차산업 혁명과 미래 직업 이야기》들이 있으며, 초등학교 수학 교과서를 집필했습니다.

그림 **정주연**

2010년부터 언제나 신나고 즐거운 그림을 그리고 있습니다. 그린 책으로는 《다빈치 수학》, 《스파이 수학》, 《우리 아이 창의력을 키워 주는 똑똑한 인공지능백과》, 《개콘탐정단》, 《공포마술탈출》들이 있으며, 종이책과, 웹툰, 웹소설 등 다양한 장르를 넘나들며 재기발랄한 삽화와 만화를 그렸습니다.

감수 **단꿈 연구소**

국민의 바른 역사의식 함양을 위해 역사를 연구하고 공부하는 사람들이 모인 곳입니다. 설민석 선생님과 함께 인문, 역사, 어린이 등 다양한 분야의 콘텐츠를 만들고 있습니다.

정답

24~25쪽 상담소에 나타난 단군

32~33쪽 유물로 알아보는 고조선

60~61쪽 전쟁터를 누비는 광개토 대왕

68~69쪽 백두산 호랑이를 잡아라!

96~97쪽 내 칼을 받아라!

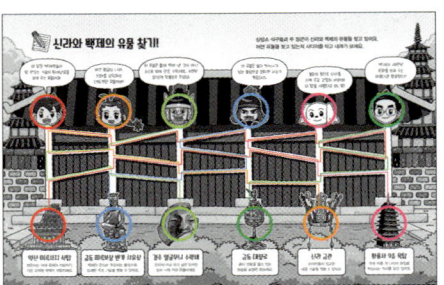

106~107쪽 신라와 백제의 유물 찾기!

온달-익산 미륵사지 석탑, 평강-신라 금관,
김유신-경주 얼굴무늬 수막새, 계백-금동 미륵보살 반가 사유상,
로빈-황룡사 9층 목탑, 설쌤-금동 대향로

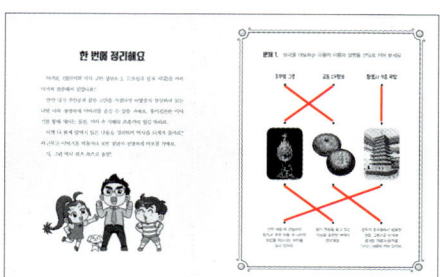

127쪽 한 번에 정리해요

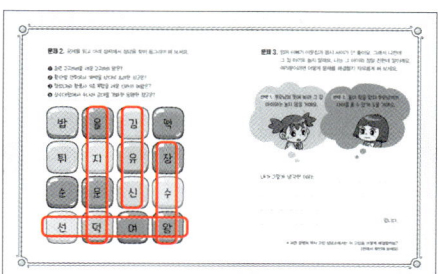

128쪽 한 번에 정리해요

❶ 장수왕 ❷ 김유신 ❸ 선덕 여왕 ❹ 을지문덕

사진 출처

- 44 삼국유사(문화재청)
- 45 비파형 동검(국립중앙박물관), 탁자식 고인돌(문화재청)
- 47 철제 농기구·무기(국립중앙박물관),
- 83 장군총(북앤포토), 호우명 그릇(북앤포토)
- 84 덕흥리 고분 벽화(동북아역사재단)
- 85 광개토 대왕릉비(북앤포토), 중원 고구려비(북앤포토)
- 124 북한산 신라 진흥왕 순수비(국립중앙박물관)
- 127 금동 대향로(북앤포토), 황룡사 9층 목탑(북앤포토)
- 130 페르시아 제국 건국(Getty Images Bank), 한나라 통일(Svintage Archive/Alamy Stock Photo)
- 131 당 태종(CPA Media Pte Ltd/Alamy Stock Photo)
  유스티니아우스 1세 즉위(Sanvitale03 ⓒRoger Culos/wikimedia CC BY-SA 3.0)

《설민석의 역사 고민 상담소 2권》을 읽고,
책을 읽은 소감과 설쌤에게 털어놓고 싶은 고민을 적어 주세요.
많은 어린이들이 공감할 만한 고민이나 '나만의 엉뚱한' 고민은
3~5권과 유튜브 설쌤TV 에피소드의 소재로 선정됩니다.

응답 기간 ~2021년 5월 31일까지   **발표** 2021년 6월 중 당첨자에 한해 개별 안내
참여 방법 스마트폰으로 QR 코드를 스캔한 후, 설문지가 뜨면 문항에 답해 주세요.